知的生きかた文庫

気持ちが楽になる50のヒント

中谷彰宏

三笠書房

気持ちが楽になる50のヒント

まえがき

どうしたら力が出るかということより、
どうしたら力を抜けるかということのほうが、
大事な時もある。
大切な人が試合に臨《のぞ》む時は
「ガンバレ」と励ますよりも

「楽しもうよ」と力を抜いてあげたい。
大切な人が転んだ時には
忠告するより、気持ちを楽《らく》にしてあげたい。
「一緒にいると、気持ちが楽になる」と
大切な人に言われたら
私の気持ちが楽になる。

気持ちが楽になる50のヒント

【ヒント❶】大好きな人との、共通点を探そう。
【ヒント❷】誰かを助けてあげよう。
【ヒント❸】出前の催促をするかわりに、丼《どんぶり》を洗って返そう。
【ヒント❹】ストレスもプレッシャーも、なんでも飲み込もう。
【ヒント❺】ピンチになったら、耳を引っ張ろう。
【ヒント❻】1歩だけでいいから、踏み出そう。
【ヒント❼】たまには、吹き出物を作って毒を出そう。
【ヒント❽】電車の中で空き缶が転がって来たら、拾おう。
【ヒント❾】罪滅《つみほろぼ》しになることをしよう。
【ヒント❿】隣りに置いた荷物は、膝《ひざ》の上に置こう。
【ヒント⓫】かゆいところを、かかない。

【ヒント⑫】「ありがとう」という呪文で、催眠術をかけよう。
【ヒント⑬】辛《つら》いことや悲しいことを、香辛料にしよう。
【ヒント⑭】安心して、悩もう。
【ヒント⑮】留守番電話に、メッセージを残そう。
【ヒント⑯】機械よりも、設計者を信じよう。
【ヒント⑰】立ち止まらない、しゃがみこまない。
【ヒント⑱】誰も聞いてくれないように見えても、話しかけよう。
【ヒント⑲】たまには、病院に行こう。
【ヒント⑳】小銭を払う時に、受けとりやすいように渡そう。
【ヒント㉑】過去の失敗や不運に、感謝しよう。
【ヒント㉒】痛い時は、楽しいことをして痛みを忘れよう。
【ヒント㉓】たまには、涙を流そう。
【ヒント㉔】足元を見て、神様のお手本を探そう。

【ヒント㉕】かっこよく見られたいという気持ちを捨ててしまおう。
【ヒント㉖】小さな経験を一緒にしよう。
【ヒント㉗】前に失敗したことでも、もう一度やってみよう。
【ヒント㉘】損な役を引き受けよう。
【ヒント㉙】コンプレックスに思っていることを、自信にしよう。
【ヒント㉚】無器用なところを直さないで、伸ばそう。
【ヒント㉛】食べる前に、食器の模様を見よう。
【ヒント㉜】むしゃくしゃしたら、ハンカチを洗おう。
【ヒント㉝】ガンバル前に、まず好きになろう。
【ヒント㉞】自分が捨てた覚えのないゴミでも、掃除しよう。
【ヒント㉟】小さなことを、悩めるようになろう。
【ヒント㊱】ロウソクの炎を見つめてみよう。
【ヒント㊲】仲直りをするには、見つめあおう。

【ヒント㊳】1か所くらい具合の悪いところを持とう。
【ヒント㊴】たまには、料理を作ろう。
【ヒント㊵】じたばたしないようにしよう。
【ヒント㊶】考えても仕方のないことは、考えない。
【ヒント㊷】怖いものには、逃げずに向かう。
【ヒント㊸】歳を重ねなければできない夢を持とう。
【ヒント㊹】自慢話より、失敗談をしよう。
【ヒント㊺】失敗の練習をしないようにしよう。
【ヒント㊻】ブレーキを踏ん張っている足の力を抜こう。
【ヒント㊼】脚を閉じて座ろう。
【ヒント㊽】懐中電灯を持って、光を当てる角度を変えてみよう。
【ヒント㊾】面白かったことを、思い出そう。
【ヒント㊿】手にとった本に、運命を感じよう。

違いを探すと、
辛《つら》くなる。
共通点を探すと、
自信がわいてくる。 …… 16

あなたが助けてあげた人と、
あなたを助けてくれる人の
数は一致する。 …… 18

神様は、
おそば屋さんの出前のようなもの。
丼《どんぶり》を洗って返せば、
早く届けてくれる。 …… 20

ストレスは
吐き出すのではなく、
飲み込んで
お尻から出す。 …… 22

耳を引っ張ると、
落ち着くことができる。
耳を引っ張ると、
神様のアドバイスが聞こえてくる。 …… 24

人生は、
エスカレーターと同じ。
1歩を踏み出すだけでいい。 …… 26

吹き出物ができるのは、
調子が悪いのではない。
毒が外へ出ていっているのだ。 …… 28

チャンスは、
電車の中を転がる空き缶の中に
詰まっている。 …… 30

苦しむことで、
あなたの罪滅《つみほろぼ》しは
終わっている。 …… 32

あなたの隣りの席が、神様の席。
神様が座れるように、
隣りの席に荷物を
置かないようにしよう。 …… 34

悩みは、かゆみと同じ。
かけばかくほど、
かゆくなる。 …… 36

「ありがとう」を言われた後、
3秒間は
催眠術にかかっている。
しかも、好意は持続する。 …… 38

人生は、カレーのようなもの。
辛《つら》いスパイスや
悲しいスパイスが、
人生をおいしくする。 …… 40

悩むのは、
思いやりがあるからだ。 …… 42

ケータイ依存症に
なっていませんか？ …… 44

人生は、
神様が作ったジェットコースター。
事故が起こるようなら、
神様は営業停止になるはずだ。 …… 46

人生は、綱渡《つなわた》りと同じ。
立ち止まって、
しゃがみこむ時が、
一番バランスを崩《くず》して危ない。 …… 48

誰ひとり
聞いてくれていない時には、
神様があなたの話を
聞いてくれている。 …… 50

大半の病気は、
病名がわかっただけで、
安心して治る。 …… 52

お釣《つ》りを
ていねいに渡せれば、
お金で苦労しなくなる。 …… 54

考え方を変えるだけで、
過去は生まれ変わる。 …… 56

痛みは、鈍感。
あなたが気持ちを集中しなければ、
痛みを感じることはできない。 …… 58

人生は、スイカと同じ。
涙のひと粒が、
人生を甘くする。 …… 60

行き詰まったら
足元を見よう。
神様は、雑草や虫に姿を変えて
生きるお手本を教えてくれている。 …… 62

かっこよく見られたいと思ううちは、
かっこ悪い。
かっこ悪くてもいいと思う人が、
かっこいい。 …… 64

小さな共通体験から、
会話が始まる。 …… 66

前に掘った井戸を、
もう一度掘ってみるだけでいい。
あと10センチ掘るだけで、
あなたの才能の泉がわいてくる。 …… 68

ペンギンだって、
交代で寒い風上に立っている。
仲間を救うことが、
自分を救う最良の方法。……70

背の低いキリンは、
低いところにある
かたい葉を食べることができる。……72

幼稚園の制服を
裏返しに着てしまう子供は、
無器用なのではなく
器用なんだ。……74

どんなものにも、
模様がある。
料理を食べる前に、
お皿の模様を見よう。……76

あなたの心は、
あなたの今持っている
ハンカチに出る。……78

仕事や勉強の
成果が上がらない時は、
時間を増やすより
まず好きになろう。……80

あなたが捨てたゴミは、
結局めぐりめぐって
あなたが拾うことになる。……82

小さなことに
くよくよ悩むことのできる人は、
他人のくよくよが理解できる。……84

ロウソクの炎を見つめると、
心が落ち着く。
イライラしたら、
心の中のロウソクの炎を見つめよう。……86

見つめあえば、
仲直りできる。
見つめあって、
ケンカする人はいない。……88

体の1か所くらい
具合の悪い人のほうが、
健康だ。……90

料理を作っている人は、
ぼけない。
作ってもらってばかりいる人が、
若くてもぼけるのだ。……92

幸運の女神は、
山手線に乗っている。
離れて行くようで、
あなたの背中に近づいている。……94

どっちにすればいいか
わからない時は、
どっちにしても
うまくいく。……96

向こうからやって来る
と思うから怖い。
こっちからやって行くと思えば
怖くない。……98

歳をとるのではなく、
歳を重ねるのだ。……100

自慢話から、
友達は生まれない。
失敗談から、
友達は生まれる。……102

失敗しないようにと考えるのは、
失敗の練習をしていることになる。
間違った発音を口に出すと、
インプットされてしまう。……104

人間は、オートマチックの車だ。
走り出すには、
踏ん張っているブレーキを
ゆるめるだけでいい。……106

気の小さい人ほど、
脚を広げて座る。
偉い人ほど、
脚を閉じて座っている。……108

仏像を見る時は、
懐中電灯であちこちから
光を当てよう。
仏像のさまざまな表情は、
あなた自身のさまざまな表情だ。……110

ムリに笑おうとするから、
泣き顔になる。
面白かったことを思い出すだけで、
笑い顔になる。……112

あなたは、
１５０００人の中から
ひとり選ばれて、
この本を手にしている。……114

違いを探すと、
辛《つら》くなる。
共通点を探すと、
自信がわいてくる。

【気持ちが楽になるヒント❶】

大好きな人との、共通点を探そう。

自分の惨《みじ》めさから抜け出すには、どうしたらいいのでしょうか？
まわりの人に比べて、どうしても自分が劣って見える。
ルックスもイマイチ。頭もイマイチ。スタイルもイマイチ。
環境もイマイチ。運もイマイチ。
あなたは、人と比べる時、違いばかりを探していませんか？
「比べるな」と言っても、つい比べてしまいます。
そんな時は、違いを探すよりも、共通点を探してみましょう。
あんなに素敵な人も、ここは自分と同じだ。
どんな小さな共通点でもかまいません。
探して見ると、意外に共通点はあるものです。
共通点が見つかると、自信がわいてきます。

あなたが助けてあげた人と、
あなたを助けてくれる人の
数は一致する。

【気持ちが楽になるヒント❷】

誰かを助けてあげよう。

助けてくれる人には、どうすれば出会えるのでしょうか？
あなたが誰かをひとり助けたら、
あなたを助けてくれる人がひとり現れます。
あなたが3人手伝ってあげたら、
あなたを手伝ってくれる人が3人現れます。
あなたが、誰ひとり助けなかったら、
あなたを助けてくれる人は、ひとりも現れません。
助けてくれる人に出会うのは、簡単です。
あなたが、誰かを助けてあげるだけでいいのです。
誰かを助けてあげるということは、
あなた自身を助けるということなのです。

神様は、
おそば屋さんの出前のようなもの。
丼《どんぶり》を洗って返せば、
早く届けてくれる。

【気持ちが楽になるヒント❸】

出前の催促をするかわりに、丼《どんぶり》を洗って返そう。

運を招くには、どうすればいいのでしょうか？
あなたがいつも出前を頼むおそば屋さんは、出前が早いですか？
早く出前してくれるおそば屋さんと、
出前の遅いおそば屋さんがあるわけではありません。
同じおそば屋さんでも、
早く出前してくれる家と、出前が遅くなる家があるのです。
早く配達してもらおうと思ったら、
おそば屋さんに気に入られることです。
ちゃんと丼《どんぶり》を洗って返していますか？
丼を洗って返さない家は、出前が遅くなります。
出前が遅いと催促する前に、丼を洗って返すようにしましょう。

ストレスは
吐き出すのではなく、
飲み込んで
お尻から出す。

【気持ちが楽になるヒント❹】

ストレスもプレッシャーも、なんでも飲み込もう。

ストレスをとり除くには、どうすればいいのでしょうか？
ストレスは、食べ物に混ざった毒のようなものです。
ストレスを吐き出そうとするから、むせてしまうのです。
人間の体は、吐き出すようにはできていません。
ストレスは、吐き出すのではなく、
飲み込んでお尻から出すのです。
逆流させて吐き出すより、流れにのせてお尻から出したほうが、
抵抗なく、速く捨てることができるのです。
ストレスを避けてはいけません。
ストレスも、どんどん飲み込みましょう。

耳を引っ張ると、
落ち着くことができる。
耳を引っ張ると、
神様のアドバイスが聞こえてくる。

ピンチになったら、耳を引っ張ろう。

【気持ちが楽になるヒント❺】

ピンチに追い込まれた時は、
どうしたら落ち着くことができるのでしょうか？
ピンチに陥った時は、対応策をとることより、
まず落ち着くことが大切です。
ピンチになったら、両手で耳たぶを引っ張ってみましょう。
おまじないではありません。
痛いくらい力を入れて引っ張ってみましょう。
耳を引っ張ることで、
相手の話を冷静に聞くこともできるようになるのです。
耳たぶの大きい人を福耳と言いますが、
ピンチの時に人の話を聞く耳を持っている人が、
福を呼ぶことのできる人なのです。

人生は、
エスカレーターと同じ。
1歩を踏み出すだけでいい。

【気持ちが楽になるヒント❻】

1歩だけでいいから、踏み出そう。

いつ第1歩を踏み出せばいいのでしょうか？
エスカレーターになかなか乗れないおばあさんがいますね。
エスカレーターに乗ることができないおばあさんは、
どの段に乗ればいいのかわからないのです。
あなたは、エスカレーターに乗る時、
どの段に乗るかを選びますか？
選びませんね。
どれでもいいのです。
人生の第1歩もそれと同じです。
あなたは、第1歩を踏み出して、乗るだけでいいのです。
後は、あなたの夢に向かってスイスイ進んでいくのです。

吹き出物ができるのは、
調子が悪いのではない。
毒が外へ出ていっているのだ。

【気持ちが楽になるヒント⑦】

たまには、吹き出物を作って毒を出そう。

嫌なことが次々と起こる時、
どう考えれば楽になるのでしょうか？
吹き出物の「ぶつぶつ」ができることがあります。
嫌なことは、体にできる「ぶつぶつ」のようなものです。
あなたの体は、自分の力で良くなろうとしています。
良くなる時に、毒は出るのです。
「ぶつぶつ」ができるのは、
体の中の毒を、外へ出していっているのです。
「ぶつぶつが出きた」のではなく「ぶつぶつが出てきた」のです。
心にも「ぶつぶつ」があります。
「心のぶつぶつ」は、いつまでも心の中にためておくより、
どんどん外に出してしまいましょう。

チャンスは、
電車の中を転がる空き缶の中に
詰まっている。

【気持ちが楽になるヒント❽】

電車の中で空き缶が転がって来たら、拾おう。

チャンスは、どこに転がっているのでしょうか?
チャンスは、ジュースの空き缶の中に入っています。
今日、電車の中で、あなたの足元に、
ジュースの空き缶が転がってきませんでしたか?
それを拾い上げましたか?
チャンスは、
あなたが隣りに蹴り返したあの空き缶の中に入っていたのです。
チャンスはいつもあなたに向かって転がって来ているのに、
あなたは蹴り返してしまっているのです。
今度電車の中で、空き缶が転がって来たら、チャンスです。

苦しむことで、
あなたの罪滅《つみほろぼ》しは
終わっている。

【気持ちが楽になるヒント❾】

罪滅《つみほろぼ》しになることをしよう。

人を傷つけてしまった心の重荷から、どうしたら救われることができるのでしょうか？

知らず知らずのうちに、人を傷つけてしまうことがあります。

誰かを傷つけることは、傷つけられることと同じくらい、時にはそれ以上に、心の重荷になります。

まして、傷つけた人が、あなたの親しい人ならなおさら重荷になるでしょう。

親しい人だから、もっと近づこうとして、傷つけてしまうのです。

傷つけてしまった心の重荷を感じることで、罰を受けているのです。

心の重荷を感じることで、あなたは許されているのです。

あなたの隣りの席が、神様の席。
神様が座れるように、
隣りの席に荷物を
置かないようにしよう。

【気持ちが楽になるヒント⑩】

隣りに置いた荷物は、膝《ひざ》の上に置こう。

どうしたら、神様はあなたの味方になってくれるのでしょうか？
ちゃんと、隣りの席を神様が座れるように開けていますか？
あなたがこの間電車に乗った時、混んで来ましたね。
その時、あなたは隣りの席のカバンを置いたままにしました。
おかげで、あなたの隣りには誰も座らず、
あなたはゆったり座ることができました。
あの時、神様はあなたの隣りに座ろうとしたのですが、
あなたが椅子の上に荷物を置いていたので、
座ることができなかったのです。
今、隣りの席に、荷物を置いていませんか？

悩みは、かゆみと同じ。
かけばかくほど、
かゆくなる。

【気持ちが楽になるヒント⑪】

かゆいところを、かかない。

どうしたら、悩みがなくなるのでしょうか？
悩みは、かゆみに似ています。
かゆいところをかき始めると、ますますかゆくなってきます。
最初はかゆくなかったまわりまで、かゆくなってきます。
かゆみは、かくことでなくならないのです。
かけばかくほど、かゆくなるのです。
転んでケガをした時、かゆみを感じる人はいません。
かさぶたができて治りかけてきた時に、かゆくなるのです。
かゆみは、体が治る時に出る信号なのです。
悩みは、心のかゆみです。
悩みを感じたら、傷が治り始めたんだなと安心しましょう。

「ありがとう」を言われた後、
3秒間は
催眠術にかかっている。
しかも、好意は持続する。

【気持ちが楽になるヒント⑫】

「ありがとう」という呪文で、催眠術をかけよう。

どうしたら、人に愛されるのでしょうか？
人に愛されるための、魔法の呪文があります。
その魔法の呪文をささやかれると、
人は、3秒間、催眠術にかかったようにいい気持ちになります。
誰でも魔法の呪文をささやかれると、
あなたが言うことを、素直に聞いてくれるようになります。
そして、3秒間がすぎた後でも、
あなたに好意を抱くようになります。
その魔法の呪文は、「ありがとう」です。
せっかく魔法の呪文を知っていながら、
それでもあなたは使わないのですか？

人生は、カレーのようなもの。
辛《つら》いスパイスや
悲しいスパイスが、
人生をおいしくする。

【気持ちが楽になるヒント⑬】

辛《つら》いことや悲しいことを、香辛料にしよう。

どうしたら、辛《つら》いことや悲しいことがなくなるのでしょうか？
楽しいことばっかりだったらいいのに、
辛いことや、悲しいこともたくさん起こります。
辛いことや悲しいことがなくなれば、人生は楽しいでしょうか。
辛いことや悲しいことが、人生の香辛料になっているのです。
カレーがおいしいのは、
香辛料が隠し味でたくさん入っているからなのです。
辛《から》い香辛料が入ってないカレーが食べたいですか？
辛いことも悲しいことも織り混ぜて、
あなた風のおいしい人生のカレーを作りましょう。

悩むのは、
思いやりがあるからだ。

【気持ちが楽になるヒント⑭】

安心して、悩もう。

自分の思いやりのなさを、
どうしたら、直すことができるのでしょうか？
今日、道を歩いている時に、ハンカチを落とした人がいました。
落とした人は気づかなかった。
あなたは急いでいたので、教えてあげなかった。
後で気づいたあの人は、悲しんだに違いない。
あのハンカチは、恋人からプレゼントされたものかもしれない。
あなたが悩むのは、思いやりがないからではありません。
思いやりがなければ、悩むことすらしないでしょう。
思いやりがあるから、悩むのです。

ケータイ依存症に
なっていませんか？

【気持ちが楽になるヒント⑮】

留守番電話に、メッセージを残そう。

せっかく留守番電話や携帯電話を買ったのに、
誰も連絡をしてくれない。
どうしたら、連絡をしてくれるようになるのでしょう?
留守番電話が入ってないことほど、寂しいものはありません。
せっかく入っていると思ったら、メッセージが残されていない、
こんな時は、もっと寂しくなってしまいます。
「ケータイ依存症」になっていませんか?
誰かがあなたの携帯電話を鳴らしてくれることばかりを、
待ってしまっていませんか?
コミュニケーションのツールが増えるほど、
つい受け身になって待ってしまうようになります。
電話してほしい時には、あなたから連絡してみましょう。

人生は、
神様が作ったジェットコースター。
事故が起こるようなら、
神様は営業停止になるはずだ。

【気持ちが楽になるヒント⑯】

機械よりも、設計者を信じよう。

不安を乗り越えるには、どうすればいいのでしょう？
ジェットコースターの怖さを克服するには、
ジェットコースターの設計者を信用すればいいのです。
どんなに怖いジェットコースターでも、
落ちたり、ケガをしたりすることがないように設計されています。
そんな設計ミスのジェットコースターを作ったら、
即、営業停止になってしまいます。
人生は、神様が設計した、
決して事故のないジェットコースターのようなものです。
もし事故を起こそうものなら、
神様だって免許が停止になってしまいます。
だから、大丈夫です。

人生は、綱《つな》渡《わた》りと同じ。
立ち止まって、
しゃがみこむ時が、
一番バランスを崩《くず》して危ない。

【気持ちが楽になるヒント⑰】

立ち止まらない、しゃがみこまない。

立ち止まりそうになったら、どうすればいいのでしょう？
綱渡《つなわた》りで、危ないのは、
歩いている時より、立ち止まっている時です。
しゃがみこむのが、綱渡りでは一番危険なのです。
立ち止まって、しゃがみこんでしまうと、
バランスがとれなくなってしまうのです。
立って歩いている時が、一番バランスがとれて安全なのです。
人生は、綱渡りのようなものです。
私たちは、誰でも、幅4センチのロープを渡っているのです。
立ち止まらず、しゃがみこまないことが一番安全なのです。

誰ひとり
聞いてくれていない時には、
神様があなたの話を
聞いてくれている。

【気持ちが楽になるヒント⑱】

誰も聞いてくれないように見えても、話しかけよう。

どうしたら、みんながあなたの話を、
ちゃんと聞いてくれるようになるのでしょうか？
あなたが、一生懸命仕事の提案をしたのに、
上司はあくびをして聞いてくれなかった。
あなたが、真剣に悩みの相談をしたのに、
友達は上の空で、芸能人の噂の話題に変わってしまった。
誰もあなたの話を聞いてくれなくても、心配いりません。
ちゃんとあなたの話を聞いてくれている人が、必ずひとりいます。
そのひとりがあなたの強い味方になってくれます。
だから、諦《あきら》めずに一生懸命、話しかけましょう。

大半の病気は、
病名がわかっただけで、
安心して治る。

人になかなか相談できないような病気かもしれないと思った時、
どうすればいいのでしょうか？
病気の兆候が出ると、誰でも不安になります。
人には相談できないような、ちょっと恥ずかしい病気の場合は、
病院にもなかなか行くことができません。
でも、病気に、かっこいい病気も恥ずかしい病気もありません。
病院に行って、病名がわかると、
それだけで、治ってしまう人も少なくありません。
『家庭の医学』を見て、
あの病気ではないか、この病気ではないかと悩むストレスが、
病気を生み出してしまうのです。
悩む前に病院に行ってみましょう。

【気持ちが楽になるヒント⑲】

たまには、病院に行こう。

お釣《つ》りを
ていねいに渡せれば、
お金で苦労しなくなる。

【気持ちが楽になるヒント⑳】

小銭を払う時に、受けとりやすいように渡そう。

お金で苦労しなくなるには、どうしたらいいのでしょうか？
お金で苦労しない人は、お金を粗末にしない人です。
小銭の受けとり方や渡し方で、その人のお金の感覚がわかります。
大金には、気をつかう人でも、
小銭を扱う時は、粗末に扱いがちです。
今日、お店で小銭を払う時、受けとる人が受けとりやすいように、
ちゃんとていねいに渡しましたか？
受けとる時には気をつかう人も、
渡す時には、おおざっぱになりがちです。
小銭を渡す時に、受けとる人が受けとりやすいように渡せる人が、
お金で苦労しない人です。

考え方を変えるだけで、
過去は生まれ変わる。

【気持ちが楽になるヒント㉑】

過去の失敗や不運に、感謝しよう。

もうすんでしまった過去の失敗や不運は、
塗りかえることはできないのでしょうか?
諦めることはありません。過去だっていくらでも変わります。
過去を変えるというのは、逆戻りするということではありません。
考え方を変えることです。
「あれは失敗だった」と思える過去の体験でも、
「でも、あのことがあったおかげで、今の幸せがある」
と考えてみましょう。
そうすれば、過去はやり直さなくても、
過去を変えることができるのです。
くよくよしても、過去を変えることはできません。
「あのことがあったおかげで」と考え方を変えましょう。

痛みは、鈍感。
あなたが気持ちを集中しなければ、
痛みを感じることはできない。

【気持ちが楽になるヒント㉒】

痛い時は、楽しいことをして痛みを忘れよう。

心の痛みは、どうすればなくすことができるのでしょうか?
公園で夢中になって遊んでいる子供は、
膝《ひざ》をすりむいても、痛みを感じません。
膝から血が出ているのを発見して初めて、痛みを感じるのです。
つまり、痛かったから見たのではなくて、
見たから痛くなったのです。
痛みのことを考えれば考えるほど、
気持ちが痛みに集中して、痛さが増していきます。
痛みを感じないようにするには、
ほかのことに気をとられるだけでいいのです。

人生は、スイカと同じ。
涙のひと粒が、
人生を甘くする。

【気持ちが楽になるヒント㉓】

たまには、涙を流そう。

辛《つら》いことや悲しいことはたくさんあるけど、
楽しいことやうれしいことがひとつもないという人は、
どうしたらいいのでしょうか？
辛《から》いカレーよりも、甘いケーキだけを食べて、
生きていきたいという人もいます。
甘いものをガマンすることはありません。
人生は、甘いものを食べてこそ、生きる意味があります。
スイカに塩をちょっとかけることで、スイカの甘さは倍増します。
おしること一緒に塩コンブをつまむことで、
ますますおしるこはおいしくなるのです。
人生の甘さを味わうためにも、
ちょっとした人生の塩味が必要なのです。

行き詰まったら
足元を見よう。
神様は、雑草や虫に姿を変えて
生きるお手本を教えてくれている。

【気持ちが楽になるヒント㉔】

足元を見て、神様のお手本を探そう。

どうしたら、日の当たるところへ出ていけるのでしょうか？
どうして自分には日が当たらないのだろう。
そう感じる時は、あなたの足元を見て下さい。
こんなに日の当たらないコンクリートの割れ目にも、
雑草が、一生懸命生えています。
小さな虫が、一生懸命生きています。
神様は、雑草や虫に姿を変えて、
あなたにお手本を教えてくれているのです。
行き詰まったら、あなたの足元を見て下さい。
神様のお手本が、きっとあるはずです。

かっこよく見られたいと思ううちは、
かっこ悪い。
かっこ悪くてもいいと思う人が、
かっこいい。

【気持ちが楽になるヒント㉕】

かっこよく見られたいという気持ちを捨ててしまおう。

ルックスさえよくなれば、幸せになれるのでしょうか？
ハンサムであるとか、美人であるとかいうことは、
表面的な形を表わす「貌《かお》」でしかありません。
大事なのは、体全体からにじみ出てくる「顔」のことです。
「貌」はルックスだとしたら、「顔」はオーラです。
「顔」のオーラは、自信から生まれます。
かっこよく見せようとしているうちは、
自信のある「顔」にはなりません。
かっこよく見られたいと思えば思うほど、自信は消えていきます。
かっこ悪くても、これは自分の顔なんだと力が抜けた時に、
初めて、自信のある顔になるのです。

小さな共通体験から、
会話が始まる。

【気持ちが楽になるヒント㉖】

小さな経験を一緒にしよう。

せっかく知りあった人と、
会話を続けるにはどうしたらいいのでしょうか？
知らない人と、何の話をしていいかわからない。
お決まりのことを聞いてしまって、
会話が一問一答のとぎれとぎれになってしまう。
これでは、せっかくの出会いも生かせません。
会話をするには、まず共通の体験をしましょう。
一緒に、映画を見るのもいい。
一緒に、同じ本を読むのもいい。
一緒に、同じものを食べるのでもいい。
共通の小さな経験から、共通の話題が生まれてくるのです。

前に掘った井戸を、
もう一度掘ってみるだけでいい。
あと10センチ掘るだけで、
あなたの才能の泉がわいてくる。

【気持ちが楽になるヒント㉗】

前に失敗したことでも、もう一度やってみよう。

どうしたら、自分の才能を見つけることができるのでしょうか?

あなたには、才能の井戸があります。

あなたはこれまで、いろいろなことにチャレンジして来ました。

なかなか才能の井戸を掘り当てることはできませんでした。

前に掘ってみたけど、才能の泉がわき出なかった井戸を、もう一度掘ってみましょう。

「いや、あの場所からは、才能の泉は、わいてこなかった」と諦《あきら》めていませんか。

大丈夫です。

あと10センチだけ掘ってみるのです。

あと10センチ掘るだけで、才能の泉がわいてくる井戸を、あなたは持っているのに気がついていないのです。

ペンギンだって、
交代で寒い風上に立っている。
仲間を救うことが、
自分を救う最良の方法。

どうしたら、寒さを乗り切ることができるのでしょうか?
南極大陸に住んでいるペンギンは、嵐になると、
ちょうど押しくらまんじゅうをするように固まって、
お互いに暖めあいます。
しかも、そこにはちゃんとルールがあります。
寒い風が当たっている風上のペンギンがしばらくすると、
風の当たらない風下にまわるのです。
いつも風下ばかりにまわろうとしていると、
結局、仲間がいなくなって自分も生き残ることができないのです。
時には、あなたが寒い風上に立つことが、あなたの仲間を守り、
あなた自身を生き延びさせることになるのです。

【気持ちが楽になるヒント㉘】

損な役を引き受けよう。

背の低いキリンは、
低いところにある
かたい葉を食べることができる。

【気持ちが楽になるヒント㉙】

コンプレックスに思っていることを、自信にしよう。

コンプレックスをなくすには、どうすればいいのでしょうか？
自然界には、進化という発想はありません。
進化ではなく、分化があるだけです。
キリンのエサになる木の葉は、キリンに食べられないために、
木の下のほうの葉に、かたいトゲをつけています。
背の高いキリンは、
木の高いほうの柔らかい葉を食べることができます。
背の低いキリンは、高いほうの柔らかい葉まで届かないので、
下にあるかたい葉を食べることのできる丈夫な歯を持っています。
木の上まで届くキリンと、
かたい葉を食べることのできるキリンは、
どちらが進化しているのでしょうか？

幼稚園の制服を
裏返しに着てしまう子供は、
無器用なのではなく
器用なんだ。

【気持ちが楽になるヒント㉚】

無器用なところを直さないで、伸ばそう。

生き方の無器用さは、どうしたら直すことができるでしょうか？
無器用なところは、直す必要はありません。
何度言っても、どうしても、
幼稚園の制服を裏返しに着てしまう子供がいました。
この子は、無器用なのではありません。
なぜなら、裏返しに制服を着て、ボタンまで止めるのは、
ちゃんと着るより器用さが必要だからです。
この子は、普通の子よりも、器用なのです。
無器用と言われている人は、
たいてい器用な人でもできないような器用さを発揮するのです。

どんなものにも、
模様がある。
料理を食べる前に、
お皿の模様を見よう。

【気持ちが楽になるヒント㉛】

食べる前に、食器の模様を見よう。

センスを磨くには、どうすればいいのでしょうか？
今日、あなたがお昼ごはんを食べた食器に、
どんな模様が描かれていたか、覚えていますか？
覚えていないという人は、
覚えていないのではなく、見ていないのです。
食器にどんな模様が描かれていたかをちゃんと見ている人が、
センスのいい人です。
お昼ごはんにハンバーガーを食べた人は、見ましたか？
包み紙にはどんな模様が描かれていましたか？
どんな小さなものでも、模様を見ることで、
センスが磨かれていくのです。

あなたの心は、
あなたの今持っている
ハンカチに出る。

【気持ちが楽になるヒント㉜】

むしゃくしゃしたら、ハンカチを洗おう。

おしゃれになるには、どうすればいいのでしょうか?
あなたが今持っているハンカチは、
誰かに貸してあげることができるハンカチですか?
ブランド物のハンカチである必要はありません。
高級ブランドのスーツやアクセサリーで身をかためている人でも、
ハンカチがしわくちゃになっている人がいます。
その人のおしゃれ度は、ハンカチに出ます。
ハンカチは、今のあなたの精神状態を表すバロメーターです。
むしゃくしゃした時には、
ハンカチを洗えば、気持ちがすっきりします。
いつも、しわのないハンカチを持ちましょう。

仕事や勉強の
成果が上がらない時は、
時間を増やすより
まず好きになろう。

【気持ちが楽になるヒント㉝】

ガンバル前に、まず好きになろう。

勉強の成果が出ない時は、
どうしたら効率の良い勉強ができるようになるのでしょうか？
大人になっても、勉強は必要です。
勉強ほど正直なものはありません。
勉強をしたら、必ず成果が出ます。
効率の良い勉強の仕方は、
まず勉強することを好きになることです。
好きなことを、勉強することです。
嫌なことをガリ勉すればするほど、その勉強が嫌いになるので、
しないほうがましなのです。
「勉強」という言葉を、「仕事」という言葉に置き換えて、
もう一度読み直してみて下さい。

あなたが捨てたゴミは、
結局めぐりめぐって
あなたが拾うことになる。

【気持ちが楽になるヒント㉞】

自分が捨てた覚えのないゴミでも、掃除しよう。

不運からまぬがれるには、どうしたらいいのでしょうか?
自分のせいではないのに、責任をとらされることを、
不運と言います。
はたして、本当に自分自身に責任がないのでしょうか。
実際には、自分で作った原因を忘れているだけなのです。
自分で捨ててもいないゴミを、
拾わなければならないことは決してありません。
自分が捨てたことを忘れてしまっているだけなのです。
責任のないゴミを拾わされたら不運ですが、
自分が捨てたゴミを拾うのならば不運ではありません。
結局、不運なんて存在しないのです。

小さなことに
くよくよ悩むことのできる人は、
他人のくよくよが理解できる。

どうしたら、小さなことにくよくよしない、
強い人間になれるのでしょうか？
小さなことにくよくよしない人間が、強い人間ではありません。
強い人間ほど、小さなことにくよくよするのです。
「くよくよする」のではなく「くよくよできる」のです。
小さなことにくよくよできる人でないと、
小さなことにくよくよしている人の気持ちはわかりません。
小さなことでくよくよできない人は、くよくよしている人を見て、
なんでそんなちっぽけなことをくよくよするのか、
理解できないのです。

【気持ちが楽になるヒント㉟】

小さなことを、悩めるようになろう。

ロウソクの炎を見つめると、
心が落ち着く。
イライラしたら、
心の中のロウソクの炎を見つめよう。

【気持ちが楽になるヒント㊱】

ロウソクの炎を見つめてみよう。

嫌なことがあった時には、どうしたら心を癒《いや》せるのでしょうか？
部屋の明りを暗くして、
ロウソクの炎をゆっくり眺めてみましょう。
火には、ストレスをとり除いて、
人をリラックスさせる力があります。
人類は洞窟《どうくつ》に住んでいた時から、
焚《た》き火を眺めて、恐怖と戦ってきました。
だから、焚き火をすると、ほっとするのです。
西部劇に出てくるカウボーイは、必ず焚き火をします。
ロウソクの炎は、小さな太陽なのです。

見つめあえば、
仲直りできる。
見つめあって、
ケンカする人はいない。

【気持ちが楽になるヒント㊲】

仲直りをするには、見つめあおう。

ケンカをしてしまった時は、
どうすれば仲直りができるのでしょうか？
そんな時は、ケンカをしてしまった相手を見つめましょう。
ケンカをしている時は、にらみあっているような気がしますが、
実際には、目をそらしていることのほうが多いのです。
相手は、にらんでいるのではなく、あなたを見つめて、
仲直りを求めているのです。
見つめることが、「ごめんなさい」になります。
異性の間のケンカだけではなく、同性の間のケンカでも同じです。
見つめあうことで、お互いの心が癒《いや》されていくのです。

体の1か所くらい
具合の悪い人のほうが、
健康だ。

【気持ちが楽になるヒント㊳】

1か所くらい具合の悪いところを持とう。

いつも元気でいるためには、
何に気をつけていればいいのでしょうか?
元気でいるためには、少しだけ病気になっておくことです。
人間ドックに入って、どこにも異常のない人は、
健康を過信してしまいます。
少しでもどこか悪いところが見つかると、それだけで、
健康を意識して、気をつけるようになります。
病気知らずを自慢している人に限って、
突然病気になると、がっくりきてしまいます。
どこか1か所悪いくらいが、人間が謙虚になっていいのです。

料理を作っている人は、
ぼけない。
作ってもらってばかりいる人が、
若くてもぼけるのだ。

たまには、料理を作ろう。

【気持ちが楽になるヒント㊴】


感性を磨くにはどうしたらいいのでしょうか？

感性を磨くというのは、ぼけないということです。

ぼけるのは、年齢ではありません。

若い人のぼけのほうが深刻です。

昨日の夜、何を食べましたか？

おとといの夜は、何を食べましたか？

何を食べたかすぐ思い出せないようになると、ぼけの始まりです。

何でも誰かにしてもらってばかりいる人は、どんどんぼけていきます。

お年寄りでも、若い人でも、食事のしたくをしている人は、ただ出されたものを食べている人より、ぼけません。

幸運の女神は、
山手線に乗っている。
離れて行くようで、
あなたの背中に近づいている。

【気持ちが楽になるヒント㊵】

じたばたしないようにしよう。

幸運の女神には、どこへ行けば会えるのでしょうか？

幸運の女神は、山手線に乗っています。

幸運の女神は、あなたから離れていくように見えますが、じっとしていると、1周まわって近づいてきてくれるのです。

離れているように見えても、心配いりません。

離れることで、あなたの背中に近づいてきてくれているのです。

追いかけようとすると、逆に、幸運の女神は、あなたに追いつくのが遅くなってしまいます。

あせらず待っていれば、必ず、幸運の女神に出会えるのです。

どっちにすればいいか
わからない時は、
どっちにしても
うまくいく。

判断に迷った時、どうしたら決断できるのでしょうか？
どうして人は、迷うのでしょうか。
どちらかが間違っていると思うから、ふんぎりがつかないのです。
大丈夫。
どっちでもきっとうまくいきます。
最悪なのは、どっちでもうまくいくのに、
立ち止まって決断できないことです。
いつまで考えても、結局、結論が出ないことは、
さっさと考えるのを止めることです。
考える必要がある決断も、実際にはほとんどないのです。

【気持ちが楽になるヒント41】

考えても仕方のないことは、考えない。

向こうからやって来る
と思うから怖い。
こっちからやって行くと思えば
怖くない。

【気持ちが楽になるヒント㊷】

怖いものには、逃げずに向かう。

恐怖に打ち勝つには、どうすればいいのでしょうか？

普通の人が、時速３００キロのスピードの車に乗ると、景色が自分のほうへ飛んでくるようで、怖くて運転できません。

Ｆ１ドライバーは、スピードが怖くありません。

景色が自分のほうへ向かってくるのではなく、自分が景色に向かっていくのだ、
というふうに見るトレーニングを積んでいるからです。

逃げるから、怖いのです。

あなたの恐れているものが、自分に向かってくるのではなく、あなたがその恐れているものに向かっていくのです。

そうすれば、恐怖は克服することができるのです。

歳をとるのではなく、
歳を重ねるのだ。

【気持ちが楽になるヒント㊸】

歳を重ねなければできない夢を持とう。

どうしたら、素敵に歳をとることができるのでしょうか?
歳をとるごとに魅力が増していく人と、
歳をとるごとに魅力がなくなっていく人がいます。
歳をとりたくないと思っている人ほど、
歳をとるごとに魅力がなくなっていきます。
歳をとることは、マイナスではありません。
歳は漆《うるし》のようなものです。
塗り重ねるごとに、輝きを増していきます。
歳をとることは、チャンスが少なくなることではありません。
歳を重ねなければ味わえない喜びがたくさんあるのです。
歳をとることは、素敵なことです。

自慢話から、
友達は生まれない。
失敗談から、
友達は生まれる。

【気持ちが楽になるヒント㊹】

自慢話より、失敗談をしよう。

どうしたら、心を許しあえる友達が増えるのでしょうか？
あなたの話の中で、自慢話と失敗談は、どちらが多いですか？
自慢話では、友達はできません。
失敗談から、友達になれるのです。
人は、長所で愛されるのではなく、
ちょっと抜けたおっちょこちょいのところで愛されるからです。
知らず知らずのうちに、
失敗談より、自慢話をしてしまいがちです。
話し上手の人の話をよく聞いてみて下さい。
自慢話ではなく、自分の失敗談をしているはずです。

失敗しないようにと考えるのは、
失敗の練習をしていることになる。
間違った発音を口に出すと、
インプットされてしまう。

【気持ちが楽になるヒント㊺】

失敗の練習をしないようにしよう。

失敗しないためには、どうすればいいのでしょうか？
失敗しないためには、失敗の練習をしないことです。
失敗の練習なんてするわけがないと思うでしょう。
でも、ほとんどの人は、失敗の練習をしてしまっているのです。
つい、失敗したらどうしようと考えますね。
それが失敗のイメージトレーニングであり、失敗の練習です。
英語の正しい発音を覚えるには、
間違った発音を声に出さないことです。
間違った発音を口に出したとたん、
間違った発音であることがわかっていながら、
インプットされてしまうのです。
間違いの例を、見てはいけないのです。

人間は、オートマチックの車だ。
走り出すには、
踏ん張っているブレーキを
ゆるめるだけでいい。

【気持ちが楽になるヒント㊻】

ブレーキを踏ん張っている足の力を抜こう。

どうしても元気が出ない時、
元気を出すにはどうしたらいいのでしょうか?
あなたの心には、アクセルとブレーキがあります。
あなたは、元気を出そうと一生懸命アクセルを踏んでいます。
なのに、クルマは走り出さない。
ガソリンがないからでも、エンジンが小さいからでも、
故障しているわけでもありません。
あなたはアクセルと同時にブレーキも踏んでいるからです。
だから、ウンウンと煙ばかりが上がって、走り出せないのです。
おや、サイドブレーキまで、かけたままですよ。

気の小さい人ほど、
脚を広げて座る。
偉い人ほど、
脚を閉じて座っている。

【気持ちが楽になるヒント㊼】

脚を閉じて座ろう。

人望を得るには、どうしたらいいのでしょうか?

今、あなたの左右の脚は、どのくらい開いていますか?

左右の脚の開き方が狭い人ほど、人望のある人です。

病院の待合室や電車の中で、脚を広げている人ほど、自信のない人です。

一見気持ちが大きいようですが、気の小さい人ほど、コンプレックスから、脚を広げて座るのです。

サラリーマンの場合、脚を閉じている人のほうが、偉い人と見てまず間違いありません。

人望は、左右の脚の間から、逃げていくのです。

仏像を見る時は、
懐中電灯であちこちから
光を当てよう。
仏像のさまざまな表情は、
あなた自身のさまざまな表情だ。

【気持ちが楽になるヒント㊽】

懐中電灯を持って、光を当てる角度を変えてみよう。

自分自身がわからなくなったら、どうすればいいのでしょうか？
懐中電灯を持って、仏像を見に行ってみましょう。
懐中電灯の光を当てる角度を変えるたびに、
仏像の表情は変わることがわかるでしょう。
昔の人は、ロウソクの灯りで仏像を見ました。
ロウソクの灯りが揺れるたびに、
仏像の表情が変わって見えたのです。
仏像のさまざまな表情は、あなた自身のさまざまな表情です。
あなたの中には、さまざまなあなた自身がいていいのです。
ひとりのあなたである必要は、ないのです。

ムリに笑おうとするから、
泣き顔になる。
面白かったことを思い出すだけで、
笑い顔になる。

【気持ちが楽になるヒント㊾】

面白かったことを、思い出そう。

落ち込んだ時には、
どうすれば、浮かび上がることができるのでしょうか？
落ち込んだ気持ちをなんとか盛り上げようとしても、
落ち込むばかりです。
だ液を出そうとしても、だ液は出ません。
梅干を思い浮かべるだけで、だ液は出ます。
写真を撮る時に、一生懸命笑おうと思っても、
ひきつってしまうだけで、笑うことができません。
落ち込んだ時には、ムリに抜け出そうとなんかしないで、
楽しいことを想像すればいいのです。

あなたは、
15000人の中から
ひとり選ばれて、
この本を手にしている。

手にとった本に、運命を感じよう。

【気持ちが楽になるヒント50】


どうしたら運を強くすることができるのでしょうか?

あなたは、どうしてこの本を手にとったのですか?

たまたま、本屋さんに入って、この本が目にとまった。

新刊は毎日100冊以上、1年で5万冊以上出版されているのに、その中から、この1冊を手にとったのです。

1冊の本は、
たいてい8000冊くらい印刷されれば多いほうです。

つまり世界中で、8000冊しかない本を手にとった。

日本だけで割り算をしても、15000分の1の確率です。

あなたはもうすでに運が強い人なのです。

あとがき

誰かに甘えたくなる時がある。
時には誰かに甘えていいんだ。
誰かに心の荷物を押しつけても
自分の心の荷物は軽くならない。
大切な人の心の荷物を軽くしてあげることで

私自身の心の荷物が軽くなる。
大切な人には、甘えたい。
大切な人には、甘えられたい。
ちょっとくらい甘えたって
神様は許してくれる。
あなたが毎日ガンバッているのを知っているから。

㊴感性を磨くには？……92

㊵幸運の女神に会うには？……94

㊶判断に迷った時は？……96

㊷恐怖に打ち勝つには？……98

㊸素敵に歳をとるには？……100

㊹心を許しあえる友達を増やすには？……102

㊺失敗しないためには？……104

㊻元気を出すには？……106

㊼人望を得るには？……108

㊽自分自身がわからなくなった時は？……110

㊾落ち込んだ時は？……112

㊿運を強くするには？……114

㉕かっこよく見られたい時は？……64

㉖出会いを生かす会話をするには？……66

㉗自分の才能を見つけるには？……68

㉘自分を救うには？……70

㉙コンプレックスをなくすには？……72

㉚不器用さを直すには？……74

㉛センスを磨くには？……76

㉜おしゃれになるには？……78

㉝効率良く勉強をするには？……80

㉞不運からまぬがれるには？……82

㉟くよくよしない人間になるには？……84

㊱心を癒すには？……86

㊲ケンカの仲直りをするには？……88

㊳いつも元気でいるためには？……90

⑬辛《つら》いこと悲しいことをなくしたい時は？……40

⑭思いやりのなさを直すには？……42

⑮留守番電話にメッセージがなくて
寂しい時は？……44

⑯不安を乗り越えるには？……46

⑰人生に立ち止まりそうになった時は？……48

⑱みんながあなたの話を聞いて
くれない時は？……50

⑲病気が不安な時は？……52

⑳お金に苦労しなくなるには？……54

㉑過去の失敗や不運を塗りかえたい時は？……56

㉒心の痛みをとりたい時は？……58

㉓楽しいことがない人は？……60

㉔行き詰まった時は？……62

こんな時、どうすれば？

❶惨《みじ》めさから抜け出すには？……16

❷自分を助けてくれる人に出会うには？……18

❸運を招くには？……20

❹ストレスをとり除くには？……22

❺ピンチに追い込まれた時は？……24

❻人生の第1歩を踏み出す時は？……26

❼嫌なことが次々と起こる時は？……28

❽チャンスが見つからない時は？……30

❾心の重荷から救われるには？……32

❿神様をあなたの味方にするには？……34

⓫悩みをなくしたい時は？……36

⓬人に愛されるには？……38

『自分に出会う旅に出よう』
『ニューヨークでひなたぼっこ』
『人生は成功するようにできている』
『あなたに起こることはすべて正しい』
『君は毎日、生まれ変わっている』
『1日3回成功のチャンスに出会っている』
（PHP文庫）
『君は宇宙とつながっている』
『香港でアフタヌーンティーを』
『君と食べるのが一番おいしい』
『君は本の匂いがする』
『ロマンティック街道で待ち合わせ』
（実業之日本社）
『足の裏を見るとその人がわかる』（ネスコ／文藝春秋）
『試験日に奇跡を起こす受験術』（ロングセラーズ）
『想い出にはいつも君がいる』
『幸せになる香り』『幸せになる響き』
『幸せになる手ざわり』
『君はこんなに素晴らしい』（アスペクト）
『才能を見つける心理テスト』
『キッカケがわかる心理テスト』（成美文庫）
書画集『会う人みんな神様』（DHC）
『大人のホテル』（オータパブリケイションズ）
『占いで運命を変えることができる』（説話社）

ビジネス

『魔法の時間を作る50のヒント』
『あなたのお客さんになりたい!』
『あなたのお客さんになりたい!2』
『あなたのお客さんが戻って来る!』
『あなたのサービスが忘れられない!』
『知性で運を開く』
『あなたの部下になりたい!』
『喜びは与えれば与えるほど与えられる』（三笠書房）
『なぜあの人はプレッシャーに強いのか』
『なぜあの人にまた会いたくなるのか』
『なぜあの人は運が強いのか』
『なぜあの人は時間を創り出せるのか』
『なぜあの人はいつも元気なのか』
『なぜあの人はお客さんに好かれるのか』
『なぜあの人は困った人とつきあえるのか』
『なぜあの人は気がきくのか』
『なぜあの人の話に納得してしまうのか』
『人を喜ばせるために生まれてきた』
『一日に24時間もあるじゃないか』
『もう「できません」とは言わない』
『お金は使えば使うほど増える』
『出会いにひとつのムダもない』
『お客様が私の先生です』『今からお会いしましょう』
『お客様がお客様を連れて来る』
『お客様にしなければならない50のこと』
『管理職がしなければならない50のこと』
『独立するためにしなければならない50のこと』
（ダイヤモンド社）
『超管理職』『入社3年目までに勝負がつく77の法則』
『人間に強い人が成功する』
『問題を起こす人が成功する』
『あなたが動けば人は動く』
『クレームはラブレターだ』
『あなたのサービスが伝説になる』
『大人の遊び人になろう』
『全身サービスマンで行こう!』
『諦めない、諦めさせない。』
『ここまでは誰でもやる』
『仕事運が強くなる50の小さな習慣』（PHP研究所）
『一生この上司についていく』
『一回のお客さんを信者にする』
『こんな上司と働きたい』
『会議を刺激する男になる』
『ひと駅の間に成功に近づく』
『ひと駅の間に知的になる』
『ひと駅の間に一流になる』（PHP文庫）
『時間塾』『企画塾』『情報塾』『成功塾』
『人脈塾』『自分塾』（サンマーク出版）
『一生サラリーマンで終わるのか』（ぶんか社）
『複業で成功する58の方法』
『その他大勢から抜け出せ』
『億万長者はガレージから生まれる』（成美文庫）
『ホテル王になろう』
『レストラン王になろう』（オータパブリケイションズ）
『女性を喜ばせる顧客満足』（日本実業出版社）
『人を動かすコトバ』（実業之日本社）
『プロデューサーは次を作る』（小室哲哉共著、飛鳥新社）
『あと「ひとこと」の英会話』（DHC）

面接の達人シリーズ

（ダイヤモンド社）

◆中谷彰宏の主な作品一覧

小説

『会社の怪談』『漂えど沈まず』
『受験王になろう』 (ダイヤモンド社)
『腕枕で聞いたお話』
『夕ヒチで君のことを考えた』(実業之日本社)
『運命の女性』『キスの間に夢を見て』
(ロングセラーズ)
『天使がくれたラブレター』 (アスペクト)
『いい女だからワルを愛する』 (青春出版社)
『恋愛小説』『恋愛日記』『恋愛旅行』
『恋愛美人』『恋愛運命』『恋愛不倫』(読売新聞社)
『甘い生活』『天使の誘惑』 (スターツ出版)

人生論・恋愛論

『気持ちが楽になる50のヒント』
『背中を押してくれる50のヒント』
『自分の魅力に気づく50のヒント』
『心の中に火をつける50のヒント』
『人間関係に強くなる50のヒント』
『人生を愉しむ50のヒント』
『前向きになれる50のヒント』
『昨日のノーは、明日のイエス』
『想いは、かなう』『なりたい私になる』
『お金で苦労する人しない人』
『セックスの話をしよう』 (三笠書房)
『みっともない恋をしよう』
『涙をこらえている君に』
(三笠書房・知的生きかた文庫)
『大学時代しなければならない50のこと』
『大学時代出会わなければならない50人』
『20代でしなければならない50のこと』
『30代でしなければならない50のこと』
『学校で教えてくれない50のこと』
『会社で教えてくれない50のこと』
『大人になる前にしなければならない50のこと』
『ピンチを楽しもう』
『本当の自分に出会える101の言葉』
『自分で思うほどダメじゃない』
『人を許すことで人は許される』
『人は短所で愛される』『60秒で奇跡は起こる』
『あなたは人生に愛されている』
『あなたの出会いはすべて正しい』
『成功する大人の頭の使い方』
『頑張りすぎないほうが成功する』
『口説く言葉は5文字まで』
『不器用な人ほど成功する』
『人は誰でも作家になれる』
『人生は成功するようにできている』
『あなたに起こることはすべて正しい』
『昨日までの自分に別れを告げる』
(ダイヤモンド社)
『ムシャクシャを元気にする333の方法』
『大人の女のマナー』『キミはどこにいるの?』
『大人の遊び人になろう』
『毎日を記念日にする本』
『運が開ける3行ハガキ』
『君が結婚前にしておく50のこと』
『「ちょっぴり」幸せになる方法』
『自分で考える人が成功する』
『君の手紙に恋をした』『君のしぐさに恋をした』
『仕事運が強くなる50の小さな習慣』
『朝に生まれ変わる50の方法』
『運命を変える50の小さな習慣』
『強運になれる50の小さな習慣』
『生き直すための50の小さな習慣』
『週末に生まれ変わる50の方法』
『忘れられない君とのデート』
『忘れられない君のプレゼント』
『忘れられない君のひと言』
『偶然の一致には意味がある』
『恋によく効くおまじない』
『遠回りの恋のかなえ方』
『知的な女性は、スタイルがいい』
『手のひらの、キスをしよう。』
『なぜ彼女にオーラを感じるのか』
『恋のタマゴの育て方』『恋の奇跡のおこし方』
『本当の君に会いたい』
『僕は君のここが好き』 (PHP研究所)
『少年みたいな君が好き』
『次の恋はもう始まっている』
『大人の恋の達人』『運を味方にする達人』
『3年後の君のために』
『君がきれいになった理由』
『君が愛しくなる瞬間』
『結婚しても恋人でいよう』
『気がきく人になる心理テスト 』
『君と僕だけに見えるものがある』

中谷彰宏（なかたに・あきひろ）
作家・俳優・演出家。一九五九年四月十四日、大阪府堺市生まれ。早稲田大学第一文学部演劇科卒。小説『目覚し時計の夢』（早稲田文学）で学生作家としてデビュー。博報堂に入社し、CMプランナーとして、テレビ・ラジオCMの企画・演出をする。九一年、独立し、株式会社中谷彰宏事務所設立。
俳優としては、ドラマ『あなたには抱かれたい』、舞台『長い間違い電話』ほか。

＊本の感想等、どんなことでも、お手紙をお待ちしています。僕は、一生懸命読みます。
［中谷彰宏］

〒112-0004　東京都文京区後楽2-23-7
三笠書房　編集本部気付　中谷彰宏　行

＊食品、現金、切手等の同封は、ご遠慮ください。
［編集部］

【中谷彰宏ホームページ】http://www.an-web.com/

知的生きかた文庫

気《き》持《も》ちが楽《らく》になる50のヒント

著　者　中谷彰宏《なかたにあきひろ》
発行者　押鐘冨士雄
発行所　株式会社三笠書房
郵便番号一一二-〇〇〇四
東京都文京区後楽二-二三-七
電話〇三-三八一四-一一六一〈営業部〉
〇三-三八一四-一一八一〈編集部〉
振替〇〇一三〇-八-二二〇九六
http://www.mikasashobo.co.jp
印刷　誠宏印刷
製本　宮田製本

Printed in Japan
ISBN4-8379-7089-3 C0136
落丁・乱丁本は当社にてお取替えいたします。
定価・発行日はカバーに表示してあります。

「知的生きかた文庫」の刊行にあたって

「人生、いかに生きるか」は、われわれにとって永遠の命題である。自分を大切にし、人間らしく生きよう、生きがいのある一生をおくろうとする者が、必ず心をくだく問題である。

小社はこれまで、古今東西の人生哲学の名著を数多く発掘、出版し、幸いにして好評を博してきた。創立以来五十余年の星霜を重ねることができたのも、一に読者の私どもへの厚い支援のたまものである。

このような無量の声援に対し、いよいよ出版人としての責務と使命を痛感し、さらに多くの読者の要望と期待にこたえられるよう、ここに「知的生きかた文庫」の発刊を決意するに至った。

わが国は自由主義国第二位の大国となり、経済の繁栄を謳歌する一方で、生活・文化は安易に流れる風潮にある。いま、個人の生きかた、生きかたの質が鋭く問われ、また真の生涯教育が大きく叫ばれるゆえんである。

そしてまさに、良識ある読者に励まされて生まれた「知的生きかた文庫」こそ、この時代の要求を全うできるものと自負する。

本文庫は、読者の教養・知的成長に資するとともに、ビジネスや日常生活の現場で自己実現できるよう、手助けするものである。そして、そのためのゆたかな情報と資料を提供し、読者とともに考え、現在から未来を生きる勇気・自信を培おうとするものである。また、日々の暮らしに添える一服の清涼剤として、読書本来の楽しみを充分に味わっていただけるものも用意した。

良心的な企画・編集を第一に、本文庫を読者とともにあたたかく、また厳しく育ててゆきたいと思う。そして、これからを真剣に生きる人々の心の殿堂として発展、大成することを期したい。

一九八四年十月一日

刊行者　押鐘冨士雄